JEANNE D'ARC

RÉCOMPENSE DES CROISADES

PAR L'ABBÉ JOSEPH LÉMANN

Chanoine honoraire de Reims.

REIMS

LIBRAIRIE LEFÈVRE, RUE DE L'UNIVERSITÉ

1887

JEANNE D'ARC

RÉCOMPENSE DES CROISADES

PAR L'ABBÉ JOSEPH LÉMANN

Chanoine honoraire de Reims.

REIMS

LIBRAIRIE LEFÈVRE, RUE DE L'UNIVERSITÉ

—

1887

JEANNE D'ARC

RÉCOMPENSE DES CROISADES

Discours prononcé dans la Cathédrale de Reims, le 24 Juillet 1887

PAR M. L'ABBÉ LÉMANN

ÉMINENCE [1],
EXCELLENCE [2],
MESSEIGNEURS [3],

Urbain II a été pape de 1088 à 1099 ;

Jeanne d'Arc a rempli sa mission de 1429 à 1431 ;

Trois grands siècles les ont séparés.

Y a-t-il, cependant, un lien qui les unisse, de telle sorte que l'on puisse dire que le Pontife et l'héroïne ne sont pas étrangers l'un à l'autre ?

Remarquez bien, Messieurs, la pensée que j'émets ; ce n'est plus simplement un parallèle que je viens vous offrir ;

---

(1) Mgr le Cardinal Langénieux, archevêque de Reims.

(2) Mgr Rotelli, nonce apostolique à Paris.

(3) Mgr Gonindard, archevêque de Sébaste, coadjuteur de Rennes ; Mgr Koppes, évêque de Luxembourg ; Mgr Theuret, évêque de Monaco ; Mgr Turinaz, évêque de Nancy ; Mgr Thibaudier, évêque de Soissons ; Mgr de Briey, évêque de Meaux ; Mgr Bélouino, évêque de Hiéropolis ; Mgr Sourrieu, évêque de Châlons ; Mgr Péronne, évêque de Beauvais ; Mgr Larue, évêque de Langres.

explorateur de vos gloires je viens constater et célébrer un lien.

Oui, vraiment, il y a un lien merveilleux, et aussi doux qu'il est solide.

Avant de le nommer, permettez que j'ouvre d'abord le livre de Dieu, la Bible, pour y trouver une base à mon sujet.

Dès les premières pages, le Messie promis est accompagné de l'idée de récompense. Le Messie sera la récompense d'Abraham, puis la récompense de David. Des siècles séparent le Messie d'Abraham, vingt siècles ; séparent le Messie de David, dix siècles. Mais les âges ont beau succéder aux âges, lorsqu'après l'écoulement de tous ces siècles le Désiré des collines éternelles descend dans la race humaine, sur son berceau est rappelée, d'une façon éclatante, l'idée de récompense. En effet, la généalogie du Christ dans l'Évangile débute ainsi : *Livre de la génération de Jésus-Christ, fils de David, fils d'Abraham.* Et ainsi, Messieurs, nonobstant l'interposition des siècles, le Christ a été la récompense d'Abraham, à cause de son sacrifice, et de David, à cause de sa miséricorde envers Saül.

Le temps, le délai, ne fait donc rien à la récompense, ni ne l'obscurcit, ni ne l'amoindrit. L'essentiel est qu'on aperçoive clairement le lien, le rapport entre ce qui est la récompense et celui qui a mérité ; car la récompense est l'expression du mérite.

Vous devez deviner à présent, Messieurs, le lien qui existe entre Urbain II et Jeanne d'Arc, et le sujet que je vous apporte :

Jeanne d'Arc *a été la récompense des Croisades* ; l'héroïne de France a récompensé la France de son héroïsme autour du tombeau de Jésus-Christ.

Je présenterai trois preuves d'un si beau lien, trois

rapports entre le mérite des Croisades et Jeanne qui est la récompense :

I. L'élan de foi et d'amour de la France aux Croisades est reproduit dans l'élan de foi et d'amour de la Bergère de Vaucouleurs ;

II. La Chevalerie des Croisades est reproduite dans la manière de combattre de Jeanne d'Arc ;

III. La délivrance du Saint-Sépulcre est reproduite dans la délivrance de la France.

Et maintenant, réveillez-vous, échos des vieux siècles ! siècles des Croisades, apparaissez comme mérite ; siècle de Jeanne d'Arc, apparais comme récompense ; et vous Messieurs, écoutez comme des héritiers qui doivent profiter de la glorieuse leçon.

ÉMINENCE,

Le Ciel vous a donné en partage le don d'être un lien : Vous savez unir !

A un chef-d'œuvre de sculpture et d'architecture inauguré hier sur la montagne de Châtillon (1), vous avez fait correspondre aujourd'hui, dans cette antique métropole, un chef-d'œuvre de grande composition musicale (2) ; et nos oreilles écoutent encore !

C'est à Votre Éminence, également, que revient la première pensée de faire constater le lien qui existe entre la mission du bienheureux Urbain et la mission de Jeanne d'Arc ; le pape au grand cœur pour le Saint-Sépulcre, et

(1) Le monument du pape des Croisades, le B. Urbain II.
(2) La messe de Gounod en mémoire de Jeanne d'Arc.

la fille au grand cœur pour la France. Ah ! puissent mes faibles efforts ne pas trahir votre confiance :

Mais là où votre puissance d'unir rencontre ses plus beaux triomphes, Éminence, c'est auprès des cœurs : Vous les entraînez et captivez tous dans les liens de votre charité !

I.

L'élan de foi et d'amour des Croisades est reproduit dans l'élan de foi et d'amour de la bergère de Domrémy.

Il y a, Messieurs, au fond de la nature humaine refaite et complétée par le christianisme, des énergies auxquelles rien ne résiste. Se trouve-t-on en face d'une situation très grave, on la domine. Est-on environné de dangers, on en rit. Si on a devant soi un ennemi supérieur en nombre, on n'en est nullement intimidé; et quand vient ce moment qu'en langage militaire on appelle d'un mot sublime, le moment de donner : *donnez*, c'est-à-dire abdiquez-vous, on n'est pas seulement entraîné, on est enlevé. Être entraîné signifie une action où l'on frôle encore la terre ; être enlevé est une action où l'on a acquis des ailes ; on est enlevé, et s'il s'agissait d'une redoute à prendre, d'une place forte à conquérir, elle aussi est enlevée !

Quelle est la source de ces merveilleuses énergies ?

Est-ce simplement la force ? Ne le croyez pas, Messieurs ; l'inspiratrice de ces énergies, c'est la foi, qui décuple la force, la centuple, et souvent même y supplée.

En effet, lorsque, dans une analyse attentive et révérentielle, on scrute la foi, voici ce qu'on y trouve :

En elle, il y a, avant tout, le don de Dieu, qui est tout

ensemble un idéal et une flamme ; cet idéal se présente à l'esprit et le ravit ; cette flamme entre dans le cœur et l'échauffe ; l'idéal, beauté voilée mais captivante, la flamme, ardeur chaste et bouillonnante :

Voilà le don de Dieu ;

Mais en même temps il y a, de la part de notre nature, une concentration de ses ressources vers un but qui s'est révélé ; notre esprit a fait signe à notre cœur, et le cœur a convoqué et ramassé toutes ses énergies jusque dans les dédales de notre système nerveux ;

Et alors, au moment d'agir, un élan irrésistible emporte tout notre être ; on sent qu'un hôte divin, au cœur, dirige le feu ; sous ses ordres, on est devenu un géant ; des obstacles, on se fait un jeu ; et d'un bond, on irait volontiers jusqu'à l'extrémité de la terre !

Si vous aviez de la foi comme un grain de sénevé, vous diriez à cette montagne : transporte-toi d'ici là, et elle s'y transporterait, et rien ne vous serait impossible ;

C'est le défi adressé par le divin Maître aux énergies de la nature humaine : on n'y répond pas assez !

Cette courte analyse psychologique de la foi était nécessaire, Messieurs, pour vous faire mieux comprendre les grandes choses qui se sont accomplies chez vous :

Au début de la nation française, et dans la crypte toute première de cette cathédrale, un de vos rois chevelus, en écoutant le récit de la Passion au Golgotha, avait poussé cette exclamation ardente : *Que n'étais-je là avec mes Francs !* Elle voulait dire : Mes Francs, mes braves Francs, ah ! comme ils auraient su, avec moi, empêcher la Passion ! — Il y a des paroles que les Anges inscrivent. Dormez en paix votre sommeil, vénéré fondateur de la nation française, votre parole de regret ne sera pas perdue !...

Un jour — c'était en l'an 1093 — une nouvelle sinistre

se répand en Europe : la Passion a recommencé !... « A Jérusalem, les chrétiens sont décapités ou mis en croix, les vierges outragées et le sépulcre du Christ livré à d'horribles ignominies. » La France, aussitôt, est debout ; elle s'est hâtée d'accourir au rendez-vous de Clermont. Là, se déroulent de nombreux bataillons : il y avait la force ! C'est un Souverain Pontife, majestueux dans sa stature et la tiare en tête, qui préside l'immense réunion convoquée par lui. Il est enfant de Reims, le seul pape sorti de la vieille cité rémoise, parce que l'heure est venue de donner suite et satisfaction au regret du fondateur de la nation française ;

Le Pape se lève, le souffle de la crypte de Reims passe dans sa poitrine, il frémit, il parle, il est sublime ; « *Dieu le veut !* » s'écrient avec lui les Francs de Clovis, et cent mille glaives se tirent : dans la force venait de s'infuser la foi !

Alors a commencé, Messieurs, le courant des Croisades, qui n'a eu d'égal, comme magnificences de la foi, que le courant des exploits de l'ancien Israël de Dieu dans ses beaux jours ; saint Paul l'a célébré ainsi :

« *C'est par la foi que l'armée d'Israël entra dans la mer Rouge et passa à travers, comme sur la terre ferme ;*

« *C'est par la foi que les murailles de Jéricho s'écroulèrent au bruit des trompettes, après qu'on en eut fait sept fois le tour ;* »

Et le reste de ce fameux chapitre que vous connaissez (1), mes Frères dans le sacerdoce !

Il me sera permis de dire :

C'est par la foi que vos aïeux entreprirent les Croisades, et que la France entra, la première, en Asie ;

____

(1) *Épître aux Hébreux*, chap. XI.

C'est par la foi que Godefroy de Bouillon refusa de ceindre la couronne d'or, là où le Sauveur du monde avait porté la couronne d'épines ;

C'est par la foi que l'Europe vint guerroyer à côté de la France, Richard Cœur-de-Lion à côté de Philippe-Auguste ;

C'est par la foi que, dans ces expéditions lointaines, vos pères supportèrent d'incroyables fatigues ;

C'est par la foi que, dans les manoirs et les chaumières, au moment des adieux, quand les pleurs coulaient, on se quittait avec l'espérance de se revoir au ciel ;

C'est par la foi que saint Louis, recommençant la huitième Croisade, laissa la France en garde à une femme ;

C'est par la foi que, tombé au pouvoir des Sarrasins, il les étonnait, les subjuguait et leur faisait dire : « *Nous te regardions comme notre captif et notre esclave ; et tu nous traites, dans les chaînes, comme si nous étions nous-mêmes les prisonniers.* »

C'est par la foi, qu'atteint de la peste, il se fit porter sur un lit de cendres ; et c'est par la foi qu'il prononça, avant d'expirer, ces paroles : « *O mon Dieu, ayez pitié de ce peuple qui m'a suivi sur ces rivages ! Ramenez-le en son pays, afin qu'il ne soit pas contraint de renier votre saint nom !* »

Cet élan de foi et d'amour de la part de la France dura deux siècles. Rien dans tout le reste de l'histoire ne peut lui être comparé. Il n'y a, Messieurs, que la voûte du firmament, par une nuit sereine, qui présente un spectacle analogue dans ces grandes traînées de lumière blanche qui s'appellent la voie lactée. Vous savez, la voie lactée : cette espèce de ceinture lumineuse qui fait le tour du ciel, et que l'astronomie attribue à des amas d'étoiles tellement pressées qu'on peut à peine les énumérer. On dirait, dans ces grandes traînées de lumière, les avenues du céleste séjour, ou encore, des armées en marche pour entrer dans une capitale! Eh bien, les Croisades ont été les voies lactées de la France vers le tombeau de Jésus-Christ ; ses armées en marche vers Jérusalem, elles se déployaient en forme de ceinture brillante autour de la ville sainte! Deux siècles de cet incomparable spectacle! deux siècles d'efforts, de sacrifices, où tous les rangs se sont trouvés confondus et pressés comme des amas d'étoiles! Félicitations, félicitations, ô noble France, c'est le plus beau chapitre de ton histoire! Clovis, vous avez dû être satisfait de vos Francs : ils y étaient!... « *Que n'étais-je là avec mes Francs !* » Ils y étaient, lancés par Urbain II !

Transportons-nous maintenant, par la pensée, auprès d'une chaumière de Domrémy. C'est l'an 1429. La France est méconnaissable, oh ! bien malheureuse ; elle a même presque entièrement disparu ; le léopard anglais est couché sur les lys de France !

Tout à coup, une radieuse apparition se lève de cette chaumière. Dans cette apparition, il y avait, chose singulière, des couleurs de l'Orient : de l'Orient, où la France était allée.

« Fille de Dieu, fille au grand cœur, va! Dieu te sera en aide. » Qui apporte cet ordre? C'est saint Michel : il est le patron de la France guerrière, mais il l'était, avant, du peuple de Dieu en Judée.

Jeanne entend des voix, ce sont deux saintes qui l'encouragent, qui la conseillent : l'une est sainte Marguerite, célèbre en Occident; mais l'autre est sainte Catherine, vierge de l'Orient, d'Alexandrie, dont les anges ont porté le corps sur le Sinaï.

Voici une couleur orientale encore plus saisissante : la

simple enfant des champs est choisie pour faire partie d'un cortège qui n'a paru que sur la terre d'Orient, le cortège des libératrices. Consultez l'histoire, Messieurs, nulle part ailleurs vous ne trouverez cette phalange où le merveilleux le gracieux, le pur, le viril, ont été combinés comme des nuances d'arc-en-ciel, pour former des libératrices, Débora, Judith, Esther, et celle qui en ferme la marche, plus grande que ses devancières, la vierge Marie. C'est à ce cortège que la jeune, naïve et robuste enfant de Vaucouleurs y est conviée par ses voix, sans se douter de cet honneur, elle est si humble ! et alors, en elle sont déversés ces dons de la grâce et de la nature que le Cantique des cantiques, avec sa poésie orientale, décrit de la sorte :

Elle est la fleur du champ, le lis de la vallée;

Ses yeux sont ceux des colombes ;

Sa stature est comme la tour de David, qui est bâtie avec des boulevards ; mille boucliers y sont suspendus, et toutes les armes des plus vaillants ;

Elle est belle comme Jérusalem, et s'avance terrible comme une armée rangée en bataille ;

Voilà les couleurs orientales : du fond de la Palestine, le Saint-Sépulcre reconnaissant dardait ces couleurs sur celle qu'il choisissait pour exprimer la récompense !

Mais ce n'était encore que l'encadrement de la récompense. Sa première marque vraie allait être la reproduction, dans Jeanne d'Arc, de l'élan de foi et d'amour manifesté aux Croisades :

Sa décision, Messieurs, s'est prise comme s'était prise celle de vos pères. Elle hésitait, la pauvrette, la pauvre petite bergère ! « Dieu le veut ! » lui dit saint Michel, et elle n'hésita plus. Dès lors, c'est la foi qui la caractérise : une foi inébranlable, invincible, étonnante. Jeanne d'Arc a été un acte de foi sur les destinées de la France ! Aussi, entonnons à nouveau l'hymne des magnificences de la foi :

C'est par la foi que Jeanne d'Arc persuade et convainc ceux qui résistent à sa mission : « *Il faut que j'aille au roi*, dit-elle à Robert de Beaudricourt; *il faut que j'y sois avant la mi-carême, et dussé-je user mes jambes jusqu'aux genoux, j'irai !* »

C'est par la foi qu'à Chinon elle écarte les groupes, va droit à Charles VII qui se dissimule en vain, et s'agenouillant, dit avec émotion :

« *C'est Vous qui êtes le roi, noble prince, et non point un autre.* »

C'est par la foi que tout le peuple crie en la voyant : « *C'est une créature de Dieu !* »

C'est par la foi qu'elle signifie aux Anglais de s'en aller : « *Je suis envoyée ici, de par le Roi du Ciel, pour vous jeter hors de France.* »

C'est par la foi qu'elle emporte Orléans ; la ville désassiégée crie : « *Noël à la Pucelle !* » et c'est par la foi qu'elle annonce « *qu'elle ira faire sacrer le Roi à Reims* ».

Messieurs, il en a été de ce parcours comme de celui des Croisades : c'était une traînée de feu, une voie lactée ! Dieu s'est servi d'un grain de poussière sidérale pour dire à l'Angleterre : « Tu n'iras pas plus loin. » Jeanne d'Arc, qui a sauvé la France, a rendu aussi service à l'Angleterre. La blonde nation du Nord avait guerroyé à côté de la France aux croisades : un Dieu juste s'en est souvenu. A celle donc qui devait être la reine des mers, lorsqu'elle ambitionna de devenir également, au sein de l'Europe, puissance continentale, le Seigneur opposa un grain de sable de Domrémy, qui obligea l'Angleterre à rentrer dans sa vocation, et à se contenter d'être superbe sur les flots. Un grain de sable ! que dis-je, c'était une perle, une nacre, un saphir, où les couleurs de l'Orient venaient se marier aux couleurs de France ! ô Anglais, quand vous l'avez eue en votre possession, vous ne l'avez point connue : non, vous ne la connaissiez pas ; autrement, loin de la faire disparaître dans un bûcher, vous l'eussiez placée entre les diamants de la Couronne !

II.

La chevalerie des Croisades est reproduite dans la manière de combattre de Jeanne d'Arc.

Le recours aux armes, Messieurs, est toujours une dure nécessité. Aussi, quand la France dut s'armer de la lance et de l'épée pour délivrer le tombeau du Christ, la Providence arrangea les choses de façon à ce que ce recours aux armes fût tempéré par la chevalerie, qui a eu, aux croisades, son essor complet, son apogée.

La chevalerie chrétienne, en effet, a été l'adoucissement de la guerre, une manière sainte de combattre. La France et l'Europe n'ont pas délivré le tombeau du Christ en brutales, Messieurs, mais d'une manière chevaleresque !

Avant tout, au début, pour sanctifier cette dure nécessité de la guerre et pour protéger les foyers de ceux qui partaient, le Pape Urbain II promulguait solennellement dans l'assemblée de Clermont la *Trêve de Dieu* : on évitera de compromettre l'entreprise par des querelles entre soi ou de la souiller par des excès ; et puis, durant l'absence des croisés, quiconque aurait la lâcheté de toucher à leur maison, à leurs biens, ou de molester leur femme et leurs enfants, serait, par le seul fait de cette lâcheté, frappé d'excommunication. Le point de départ de la guerre était assuré: les croisés partaient le cœur saignant, mais l'esprit tranquille.

Voici ensuite, Messieurs, le cortège des vertus chrétiennes qui chevauchait avec les chevaliers :

La fidélité : les chevaliers étaient fidèles à Dieu et à leur dame ; à côté de la croix sur l'épaule, ils portaient, dans leur panache ou à leur écharpe, les couleurs d'un légitime amour ;

La bravoure : les noms de Raymond, de Baudoin, de Tancrède sont devenus synonymes de bravoure chevaleresque ; et le nom seul de Richard Cœur-de-Lion inspirait à tous les Sarrasins une telle terreur, que si un de leurs chevaux s'effarouchait, ils lui disaient : « *As-tu donc vu l'ombre du roi Richard ?* »

L'union fraternelle : c'est certainement en pensant à quelque chevalier fatigué sur les chemins poudreux de la Palestine, et soutenu par un compagnon d'armes, que l'auteur de l'*Imitation* a inscrit à cette époque dans son livre immortel, cet encouragement : *Allons, frère, marchons ensemble ; pour Jésus, nous nous sommes chargés de la Croix ; continuons, pour Jésus, de porter la Croix ;* »

Il m'est impossible, Messieurs, de décrire et d'énumérer toute la brillante chevauchée des vertus chevaleresques ; on y distinguait encore : la pitié et la protection des faibles, la clémence pour les vaincus, le respect de la parole donnée, la courtoisie et la délicatesse, la joie et la belle humeur ; et à l'arrière-garde de ce cortège des vertus, pour les protéger toutes, la fierté et l'honneur, la grande fierté française, l'honneur du nom chrétien. « *Fais-moi chevalier* », demandait le sultan vainqueur à saint Louis ; et le roi vaincu répondait : « *Fais-toi chrétien, et je te ferai chevalier.* » Aussi, lorsqu'à la fin des Croisades, après deux siècles de luttes, la France rentra son glaive dans son fourreau, l'épée de Charlemagne pouvait s'appeler avec la même fierté l'épée de saint Louis : il n'y avait pas de tache sur son brillant acier, pas d'ombre dans son splendide éclair !

La France a guerroyé pour le tombeau du Christ avec une distinction chevaleresque ;

La réciprocité de la part du Christ a été admirable, quand il s'est agi de délivrer la France.

Jeanne d'Arc est à cheval !

Laissez-moi vous citer, Messieurs, la description que fait la Bible du noble coursier qui a fourni son nom à la chevalerie.

Le Seigneur, exposant son pouvoir créateur à Job, qu'il voulait relever de son affaissement, lui dit :

« Est-ce vous qui donnerez au cheval sa force, qui lui ferez pousser ses hennissements, ou qui le ferez bondir comme les sauterelles ;

« Le souffle si fier de ses narines répand la terreur ;

« Il creuse du pied la terre ; il s'élance avec audace ; il court au devant des hommes armés ;

« Il méprise la peur, le tranchant des épées ne l'arrête point ;

« Des flèches sifflent autour de lui ; il écume, il frémit, il absorbe la terre, il est intrépide au bruit des trompettes ;

« Lorsqu'on sonne la charge, il dit : Allons ! »

Sur ce fier animal, ainsi décrit par la Bible, représentez-vous maintenant l'héroïne de vingt ans qui vient sauver la France : son coursier est noir, elle est vêtue de blanc, et son armure, blanche comme elle ! Quelle surprise pour la France découragée ! Quelle apparition ! Dites, avez-vous compris, ô Français, pourquoi Jeanne d'Arc est venue à votre secours à cheval ; l'avez-vous compris ? Vous aviez délivré le tombeau du Christ avec vos chevaliers : Lui a voulu vous sauver, à son tour, d'une façon chevaleresque ! Le secours inopiné d'une femme était déjà chose connue en France ; les tendresses de Dieu à votre égard avaient déjà employé ce moyen. Clotilde, Geneviève, secours merveilleux, mais, si vous y prenez garde, secours discret, au second plan ; Clotilde avait persuadé Clovis en secret ; Geneviève avait rassuré Paris contre Attila, sans quitter ses brebis. Ce qui ne s'était pas encore vu, ce qui ne s'est jamais vu depuis, c'est une héroïne à cheval : récompense des Croisades, Jeanne d'Arc arrivait dans la tenue de la chevalerie française !

Des chevaliers, elle a la bravoure, mais rehaussée par un éclat des milices du Ciel. Il y a des milices au Ciel, Messieurs. A l'heure de sa douloureuse passion, le Christ aurait pu être entouré par plus de douze légions d'anges ; il les a laissées au repos, dans leurs bivouacs célestes ; mais lorsqu'il s'est agi de faire voler au secours de sa France, Jeanne a été un de ces anges, détaché du Ciel par son amour ! Les Anglais fuient de toutes parts. Au seul nom de la Pucelle, les troupes se débandent. Fiers Anglais, oubliez-vous, devant une femme, le dicton des Sarrasins à leurs chevaux effarouchés : « *As-tu donc vu l'ombre du roi Richard ?* » Fuyez, fuyez, n'ayez pas honte de fuir : cette femme, elle est l'ombre du Tout-Puissant !

Elle n'a pas seulement la bravoure, elle a toutes les autres vertus chevaleresques. Ce n'est pas assez dire, elle a retardé l'éclipse de la chevalerie, mortellement atteinte dans cette funeste guerre de cent ans entre deux nations sœurs. On jurait dans les camps de France, on ne jure plus ; on se mutinait dans les camps de France, on ne se mutine plus ; on ne priait plus Dieu, on le prie ; on ne se

trouvait plus sur le chemin de l'honneur, on s'y retrouve :
Jeanne d'Arc a été le coucher de soleil de la chevalerie
française ! Ce visage de vierge surmontant une armure de
lumière, venait bien exprimer la douceur et l'éclat d'un
coucher de soleil ; aussi, à cinquante ans de distance, le
dernier rayon du crépuscule de la chevalerie chrétienne,
reparue avec Jeanne, sera Bayard !

Mais dans cette merveilleuse créature calquée sur les
Croisades, ce qui m'a semblé, Messieurs, le trait décisif,
c'est sa manière de faire la guerre :

Au Concile de Clermont, en même temps qu'il avait
poussé son grand cri de combat, le Pape des Croisades
avait promulgué *la Trêve de Dieu* : Jeanne d'Arc a été la
plus belle expression de la Trêve de Dieu ! Dans les batailles,
elle portait son étendard au lieu de lance, pour éviter de
tuer ou de blesser personne. Si elle apprend qu'on a engagé
un combat sans son ordre, frémissante elle pousse ce cri :
« *Le sang de France est répandu !* » Ah ! l'épargne du sang
de France était la préoccupation de son cœur ! Et quand
c'est celui de l'ennemi qui coule, elle pleure : au pied d'un
arbre, elle appuie la tête d'un Anglais contre sa poitrine
pour lui faire baiser la croix, et l'aider à bien mourir.
Messieurs, n'allez-vous pas partager mon sentiment, et
prononcer la parenté : Jeanne d'Arc, terrible comme le cri
de *Dieu le veut,* compatissante et bénigne comme *la
Trêve de Dieu* au milieu des batailles, Jeanne d'Arc est la
fille d'Urbain II ! O bienheureux Urbain, Jeanne est votre
fille, votre récompense. Le Pape au grand cœur, et la
fille au grand cœur !

III.

La délivrance du Saint-Sépulcre est reproduite dans la délivrance de la France.

La connexion frappante que nous avons constatée entre l'élan de foi des Croisades et l'élan de foi de la bergère de Domrémy, entre la chevalerie des Croisades et la manière de combattre de Jeanne d'Arc, existe-t-elle aussi frappante entre le fait de la délivrance du Saint-Sépulcre et le fait de la délivrance de la France ?

Oui vraiment, Messieurs.

La délivrance du Saint-Sépulcre arriva le 15 juillet 1099 ; cette journée fut une scène du Ciel.

Représentez-vous d'abord les préludes de cette journée :

Une armée qui, de 300,000 croisés, après les combats soutenus sur son parcours, les privations et les fatigues, n'était plus que de 50,000 ; mais c'était l'élite des guerriers chrétiens !

Ils ont gravi la dernière montagne : Jérusalem ! et ils sont tombés à genoux ;

La ville est fortifiée d'une façon formidable. C'est le mois de juillet : une atmosphère embrasée ; plus d'eau dans le camp ; les horreurs de la soif ; le découragement s'est emparé des croisés ;

Les plus fervents ont baisé furtivement les pierres des murailles, et ont dit en pleurant : « O Jérusalem, reçois nos derniers soupirs ! Que tes remparts tombent sur nous, et que la sainte poussière qui t'environne recouvre nos ossements (1) ! »

(1) DARRAS, *Histoire de l'Église.*

Mais l'assaut a été tenté, Dieu le veut !

Des tours roulantes ont approché des murailles : la France a sauté dans la place. Le feu a pris aux défenses des infidèles, et le vent favorable, comme il devait l'être plus tard à Lépante, a soufflé contre eux. Le carnage ! Les chevaux ont eu du sang jusqu'aux freins ;

Voilà les préludes !

Et voici la journée du Ciel :

Autour du Saint-Sépulcre, tous les croisés, sans armes, sont pieds nus ; les larmes de la pénitence et de la reconnaissance baignent ces visages qui ont tant souffert !

Les vengeances et les fureurs se sont apaisées ; le silence plane au loin sur les remparts et sur les places publiques ;

La vraie Croix est retrouvée exposée à tous les regards ;

Ce cantique est entonné : « *Réjouissez-vous avec Jérusalem, tressaillez d'allégresse, vous qui l'aimez. Faites éclater vos transports de joie, vous qui pleuriez sur son sort* (1) ! »

Toutes les nations chrétiennes sont présentes, dans les personnes de leurs chevaliers : à leur tête, Godefroy de Bouillon, avec le titre modeste de *baron du Saint-Sépulcre ;*

Cet instant fut sublime !

Trois mille ans par avance, Messieurs, le prophète Isaïe avait annoncé du Christ : « *Son sépulcre sera glorieux* (2). » Hormis le jour de Pâques, qui suivit le Vendredi-Saint, le sépulcre du Rédempteur ne fut jamais plus glorieux que dans cette journée. Le Christ n'accueillait-il pas la France aux lieux où il avait vécu et souffert ?... Quand elle avait dû naître, il avait envoyé, pour porter bonheur à son berceau, ses disciples les plus aimés en Palestine, Madeleine,

____

(1) *Isaïe*, LXVI, 10.

(2) *Et erit sepulcrum ejus gloriosum.* (Is. XI, 10.)

Marthe et Lazare, qui avaient abordé en Provence. Mais le 15 juillet 1099 était la première fois qu'il voyait la France en Orient, comme un père revoit une fille qui a été élevée au loin ! et il la voyait robuste, belle, ardente, désintéressée, ayant versé son sang pour lui ; ah ! ce fut pour tous les deux une journée du ciel, *son sépulcre sera glorieux !* Face à face, il la contemplait, il en était fier, il la présentait à l'Orient : voilà ma fille aînée ! Et l'Orient, qui s'y connaît, Messieurs, n'est jamais revenu de cette vision de la France !

Scène du Ciel a donc été la journée du 15 juillet 1099 ; scène du Ciel sera également, par réciprocité, la journée du 17 juillet 1429, où eut lieu la délivrance de la France.

Cette deuxième journée a eu aussi ses préludes, ceux-ci, Messieurs :

L'abaissement indescriptible de la maison de France, des sanglots sur le trône, un découragement à son dernier degré, la désespérance....., et puis, tout à coup, cette jeune fille, qui, semblable à une milice éclatante, s'est levée à Vaucouleurs, a délivré Orléans, rendu libre le cours de la Loire ;

« Misérable vachère ! » lui criait, avec rage, l'ennemi refoulé par son étendard ;

Elle a rougi, relevé la tête. Sur ses pas, les guerriers de Clovis, de Charlemagne et de saint Louis se sont reformés ; ils entrent avec elle dans le cathédrale de Reims :

Voilà les préludes.

Je vous cède maintenant la parole, saintes et vieilles murailles, c'est à vous de parler.

Parlez, grande nef qui la vîtes s'avancer belle comme l'aurore, avec les larmes de la reconnaissance ;

Parlez, dalles du parvis : vous avez retenti du bruit de leurs éperons, elle commandait à une légion de Macchabées !

Rappelle-toi ton émotion, sanctuaire : dans ton enceinte, elle se tenait modeste et charmante, à côté de son Roi !

Parlez, parlez, voûtes sacrées, car vous avez été témoins d'une résurrection, la plus étonnante après celle du Saint-Sépulcre : la résurrection de la France dans son intégrité et dans son unité.

Mais le moment du sacre est venu, instant ineffable, Thabor de la France, où le ciel se penchait sur la personne du prince, pour la transfigurer. Au sacre de Clovis, on avait vu, à l'entrée de la cathédrale, une colombe apporter, du ciel, l'huile sainte : dans la journée du 17 juillet 1429, ce fut le même prodige, car le sacre était dû à Jeanne d'Arc, et elle-même n'était-elle pas la colombe ?

Les fanfares éclatent, et la couronne d'or, que Godefroy de Bouillon avait refusée au Saint-Sépulcre, que saint Louis avait sanctifiée dans la cendre à Tunis, reparaît étincelante sur le front incliné de Charles VII ;

Dites, dites, Messieurs, Jeanne d'Arc n'est-elle pas la récompense des Croisades ? La dette du Saint-Sépulcre s'est acquittée à Reims.

Un historien, jugeant les Croisades, a comparé leur fin à celle de Roland dans la vallée de Roncevaux :

Le preux paladin sonnait, sonnait du cor, pour avoir de l'aide ; la forêt de la vallée, ébranlée, répondit seule : il ne vit rien venir.....

Les derniers chevaliers des Croisades, réunis à Saint-Jean d'Acre après la mort de saint Louis, firent entendre un suprême appel vers l'Europe ; nul ne répondit, ils succombèrent en héros, et depuis lors le Saint-Sépulcre est resté au pouvoir et sous la garde des infidèles.

En lisant ce dénouement attristé, je me disais :

Si, dans une heure de détresse, la France sonnait du cor, qui se présenterait à son secours?.....

Il y a une oreille, Messieurs, inclinée vers tous les bruits et qui ne laisse tomber aucun appel : c'est l'oreille de Léon XIII.

A ce grand Pape devenu le Prince de la paix, j'oserai faire l'application d'une inspiration touchante de Jeanne d'Arc, restée ignorée, et qu'un vieux manuscrit découvert à la bibliothèque du Vatican, il y a à peine deux ans, vient de mettre en vive lumière :

« Un jour, Jeanne demande à Charles VII de lui faire un « présent. Cette prière est à l'instant accordée. Jeanne ne « demande rien moins que le royaume de France. Le roi, « étonné, réfléchit et confirme le présent. Jeanne l'accepte, « et s'en fait faire, par les quatre secrétaires du Roi, une « charte dont il est donné une lecture solennelle. Presque « en même temps, par devant les mêmes notaires, elle « livre au Dieu tout-puissant le royaume de France qu'elle « vient de recevoir en don. Puis, au bout d'un instant, « obéissant à un ordre de Dieu, elle en investit Charles VII ; « et de tout cela, elle fait dresser un acte solennel (1). »

Messieurs, la nation française, aujourd'hui, n'a plus le même aspect; mais elle est toujours la France, chérie du Saint Père! Voici que la scène, exhumée des archives du Vatican, se reproduit : c'est le pape inspiré d'en haut, qui, s'adressant à la France devenue malheureuse, lui dit:

----

(1) *Nouveau témoignage relatif à la mission de Jeanne d'Arc*, communication faite à l'Académie des Inscriptions et Belles-Lettres, le 23 octobre 1885, par M. Léopold DELISLE, membre de l'Institut.

« Donnez-moi votre Jeanne d'Arc ; donnez-la moi, ô ma fille aînée ! »

Eh bien, donnez-la lui, Messieurs ; ô France, donne Jeanne d'Arc à Léon XIII !

Ne la donne pas aux descendants de Voltaire, à celui qui, en outrageant la Pucelle, a outragé toute la nation...

Aie confiance dans la parole du Pontife : il a le souverain respect de toutes les gloires et le tact suprême de toutes les situations. Donne-lui ta Jeanne d'Arc, ô France !

Et Lui te la rendra, comme elle-même rendit le royaume à Charles VII ; il te la rendra, après l'avoir présentée au Dieu tout-puissant, ayant au front l'auréole des bienheureuses, la couronne immortelle de la sainteté.

Imprimerie de l'Archevêché (N. Moxce, dir.), rue Pluche, 24.